RÄUCHERN
MIT KRÄUTERN
UND HARZEN

Das kleine Buch

Barbara und Hans Haider

RÄUCHERN
MIT KRÄUTERN
UND HARZEN

Inhalt

Räuchern früher und heute

Räuchern mit Kräutern, Hölzern und Harzen

Vorwort

⁂

*E*s ist kein Herr so hoch im Land, der nicht lebt vom Bauern-stand« steht auf dem Glockenriemen unserer Leitkuh. Seit Jahrhunderten stellen sich die Bäuerinnen und Bauern immer wieder neuen Herausforderungen und sind dabei gezwungen, sich stets der neuen Zeit anzupassen und alte Strukturen zu modernisieren, ohne dabei auf die althergebrachten Traditionen und die Gesetze der Natur zu vergessen. Das ist vielleicht auch der Grund dafür, dass einige Räucherrituale und Heilanwen-dungen bis heute gepflegt werden. Einen kleinen Einblick in dieses uralte Wissen rund um Kräuter und das Räuchern versuchen wir mit diesem Büchlein zu geben. Selbstverständlich ersetzt das nicht den Gang zum Arzt, obwohl unbestritten ist, dass mit den altbewährten Hausmitteln das eine oder andere Wehwehchen kuriert werden kann.

Viel Spaß beim Lesen
und Räuchern
wünschen

Barbara und Hans Haider
Lutzbauern in Unken

Räuchern früher und heute

Rachn geh in den drei Rauchnächten

Wer erinnert sich beim Duft nach Weihrauch und frisch gebackenen Keksen nicht gleich an den Advent, den Beginn des Kirchenjahrs? Als Kind konnte man es kaum erwarten, bis die Mutter mit dem Keksebacken anfing. Gleichzeitig stieg mit jedem Tag die Vorfreude auf den Heiligen Abend, den »Bachitog« (24. Dezember), wie er bei uns in Unken heißt.

Die Nacht vom 24. auf den 25. Dezember ist die erste Rauchnacht. Am Abend vor der Bescherung heißt es »rachn geh«. Dabei legt man Glut aus dem Herd in eine gusseiserne Räucherpfanne. Über die Glut streut man danach Weihrauch und fein zerhackte Kräuter

Räucherpfanne mit Weihrauch und Wacholder

aus dem Kräuterbuschen. Dann geht die ganze Familie durch Haus und Stall, von Raum zu Raum: Der Vater mit der Räucherpfanne voraus, gefolgt von der Mutter und den Kindern, die Weihrauchharz, Kräuter und Weihwasser dabei haben. Selbstverständlich darf beim »Rachngeh« kein Familienmitglied außer Haus sein, dies würde Unglück bringen. Außerdem ist es Brauch, eine Kopfbedeckung über den Rauch zu halten, um sich im kommenden Jahr vor Kopfweh zu schützen.

Nach dem Räuchern wird ein Rosenkranz gebetet. Das gleiche Ritual gilt für die weiteren Rauchnächte, die Silvesternacht (31. Dezember) und die Nacht vor dem Fest der Heiligen Drei Könige (5. Jänner). In dieser Nacht geht man zusätzlich dreimal um das Haus. So ist es Brauch bei uns, und so wird es in alpinen Regionen bis heute praktiziert.

Von Rauchnächten und Raunächten

Diese geheimnisvollen Nächte um den Jahreswechsel herum heißen tatsächlich Rauchnächte und nicht Raunächte, Letztere vielleicht benannt nach irgendwelchen rauen oder bockfüßigen Gestalten, die zu dieser Zeit durch die Lüfte ziehen, wie oft behauptet wird. Die Rauchnächte stammen aus der Zeit der Kelten, die den Zeitunterschied vom Mondjahr zum Sonnenjahr mit den sogenannten Freinächten ausglichen.

Weihrauch, Gold und Myrrhe –
die Geschenke der Heiligen Drei Könige

Die Heiligen Drei Könige brachten dem Jesuskind Weihrauch, Gold und Myrrhe. Warum aber waren es genau drei Könige, die drei Geschenke brachten? Eine Erklärung könnte die Dreifaltigkeit sein oder weil zur damaligen Zeit drei Kontinente bekannt waren. In einem Dreikönigslied heißt es:

»Durch Weihrauch stellten fromm sie dar,
dass dieses Kind Gott selber war;
die Myrrh auf seine Menschheit wies,
das Gold das Kind als König pries.«

Eine andere Deutung besagt: Weihrauch versinnbildlicht die Geburt, den Neubeginn, das Göttliche und den Himmel. Gold steht für die Jugend und das Leben. Und Myrrhe für den Tod, das Ende, das Weltliche und die Erde.

Weihrauch oder Olibanum ist das getrocknete Harz des Weihrauchstrauchs und seit Tausenden Jahren das begehrteste Räucherharz der Welt. Durch den Handel mit Weihrauch entstand die für die damalige Zeit bedeutendste Handelsstraße, die sogenannte Weihrauchstraße, die Asien mit Europa verband. Weihrauch riecht erfrischend und wirkt stimmungsaufhellend.

Myrrhe und Weihrauch

Myrrhe ist das Harz des Myrrhenbaums *(Commiphora myrrha)*. Räucherungen mit Myrrhe wirken schwer und haben einen erdigen Geruch. Daher sind sie bestens dazu geeignet, einen »Luftikus« auf den Boden der Realität zurückzuholen.

Selbstverständlich gibt es auch heimische Harze, die der Symbolik und der Wirkung von Weihrauch und Myrrhe entsprechen. Für Weihrauch ist es das Lärchenharz. Die Lärche verliert als einziger heimischer Nadelbaum die Nadeln und treibt im Frühjahr neu aus. Die Myrrhe entspricht unserem Fichtenharz.

Vom Feuer und vom Glauben

Was unterscheidet die Spezies Mensch, die in der Bibel als die Krone der Schöpfung bezeichnet wird, eigentlich von den übrigen Säugetieren? Da ist nicht besonders viel, außer die Nutzung des Feuers und der Glaube.

Tatsächlich ist die Nutzung des Feuers ein großer Einschnitt in der Entwicklung der Menschheit, ein sogenannter Schwellenübertritt. In der anthroposophischen Lehre wird dies als die Geburtsstunde der Menschheit bezeichnet. Wir wissen, dass das natürlich nicht stimmt, aber man könnte sagen, dass es die Geburtsstunde unserer Kultur ist, denn bis heute ist die Feuerstelle Mittelpunkt unseres Lebens. Man denke nur an den heimischen Küchenherd, um den sich die Familie zu den gemeinsamen Mahlzeiten versammelt, wo gefeiert und gelacht wird oder wo wichtige Entscheidungen getroffen werden. Die Bedeutung der Feuerstelle erkennt man auch daran, dass viele Weiderechte und Holzbezugsrechte der Unkner Bauern bis heute daran gebunden sind.

So alt wie die Nutzung des Feuers ist wahrscheinlich auch der Glaube der Menschen an höhere Wesen oder Götter, mit denen man in Verbindung treten wollte. Es ist durchaus vorstellbar, dass dies mit Opferungen und Räucherungen versucht wurde. Hinweise dafür gibt es bei Höhlenmalereien.

Leider ist das Räuchern in den letzten Jahrzehnten in Vergessenheit geraten. In den Gebirgsregionen und im bäuerlichen Umfeld haben sich jedoch noch Reste davon erhalten.

Geschichtliches
rund ums Räuchern

In den meisten Religionen wird bei den Gottesdiensten oder beim Gebet geräuchert. Als Opferräucherung oder als Botschaft an den Himmel. Zahlreiche Hinweise dazu findet man bereits in der Bibel, so heißt es etwa im Buch Levitikus 2, 16: »Und der Priester soll das Gedenkopfer von dem Zerstoßenen und vom Öl mit dem ganzen Weihrauch in Rauch aufgehen lassen als ein Feueropfer für den Herren.« Und im Buch Exodus 30, 34/35: »Der Herr sprach zu Mose: Nimm dir Duftstoffe, Staktetropfen, Räucherklaue, Galbanum, Gewürzkräuter und reinen Weihrauch, von jedem gleich viel, und mach Räucherwerk daraus.«

In der Liturgie der katholischen Kirche wird nicht mehr als Botschaft an den Himmel geräuchert, sondern nur noch zu Ehren des Göttlichen oder zur Inzensierung. »Wenn der Priester den Weihrauch auf die glühenden Kohlen legt und das feine weiße Wölkchen leicht und duftig vor dem Altare aufsteigt [...] und nach und nach der ganze Altar sich in Rauch hüllt, der köstliche Duft die weiten Hallen füllt und die bunten Lichter, die die Sonne durch die gemalten Scheiben wirft, in den Wölkchen spielen, dann weiß jeder, es ist Feiertag«, schrieb 1924 Gregor Böckeler. Denn Weihrauch schafft einen feierlichen und würdevollen Raum der Andacht, desinfiziert gleichzeitig die Luft und verbessert die Akustik. Dies mag vielleicht auch eine Erklärung dafür sein, warum der Kirchenchor an den hohen Feiertagen besonders schön singt.

*Idealerweise nimmt man die Glut
fürs Räuchern aus dem eigenen Ofen.*

Wirkung

Diese Räucherungen bei Gottesdiensten sind den meisten Menschen noch bekannt. Aber Räuchern kann viel mehr. Primär wirkt
es über den Pflanzenwirkstoff, der über die Atemluft aufgenommen
wird und über die Lunge direkt in den Blutkreislauf gelangt. Räuchern wirkt aber auch über den Geruchssinn. Interessant dabei ist,
dass dieser mit dem limbischen System verbunden ist, jener Schalt-

zentrale im Gehirn, wo unser Instinkt, das Langzeitgedächtnis, das Zentrum unseres Wohlbefindens und vielleicht auch unsere Seele sitzen. Es stammt aus jener Zeit in der Evolutionsgeschichte, in der sich der Mensch auf seinen Geruchssinn und seinen Instinkt verlassen musste, um nicht von einem Säbelzahntiger gefressen zu werden. Die Geruchsforschung, die noch in den Kinderschuhen steckt, hat herausgefunden, dass Erlebnisse, in denen Gerüche eine Rolle spielen, im Langzeitgedächtnis abgespeichert werden. Auch die Wirtschaft hat mittlerweile die Macht der Gerüche entdeckt und versucht, mit verschiedenen Düften das Kaufverhalten der Menschen zu beeinflussen. Auch die psychologische Wirkung auf uns Menschen gehört hier dazu – denn Räuchern kann je nach den verwendeten Ingredienzien zum Beispiel stimmungsaufhellend oder beruhigend wirken.

Heilen durch Räuchern – ein paar historische Rezepte

Beim Lesen zahlreicher Kräuterbücher ist uns aufgefallen, dass der weitaus größere Teil der beschriebenen Kräuter sogenannte Frauen-

Kräuter werden am Räuchersieb schonend verräuchert.

heilkräuter sind. Das hängt vielleicht damit zusammen, dass die Heilkunde meist von Frauen ausgeübt wurde – die dafür oft zu Unrecht als Hexen verfolgt wurden. Was für eine unglaubliche Menge an Kräuter- und Heilwissen ist zur Zeit der Inquisition auf dem Scheiterhaufen verbrannt! Eine Ausnahme ist hier Hildegard von Bingen, die im Schutz der Klostermauern der Inquisition entkam. Gott sei Dank war diese außergewöhnliche Frau auch des Schreibens mächtig, und so wurden viele Rezepte bis heute erhalten. Dieses Kräuterwissen wurde später durch Paracelsus noch weiter erforscht und verfeinert. Hunderte von Heilpflanzen wurden in ihrer Wirkung beschrieben. Leider ist es bis heute bei diesem Wissensstand geblieben, und ein riesiger Schatz wartet darauf, von der Wissenschaft entdeckt zu werden.

Zum Räuchern schreibt Hildegard von Bingen: »Schabe dir etwas von Hirschhorn ab und vermische es mit Weihrauch und verbrenne es im Feuer und der Rauch verscheucht alle bösen Luftgeister und Zauberei und vertreibt alles böse Gewürm.«
Als ich diesen Satz zum ersten Mal gelesen habe, fiel mir sofort meine Großmutter ein, die eine große Verehrerin der heiligen Hildegard war und eben dieses Rezept, allerdings in abgewandelter Form, verwendet hat. Meine Großmutter dachte, mit dem bösen Gewürm seien bestimmt Schlangen gemeint, die es auf unserer Alm in großer Zahl gab und die es zu verscheuchen galt. Hirschhorn gab es auf unserem Bauernhof nicht, weil niemand in unserer Familie jagte, aber meine Großmutter wusste zu improvisieren und nahm stattdessen alte Lederschuhe, da sie der Überzeugung war, dass die

mindestens genauso stinken wie Hirschhorn. Weihrauch wurde aus Kostengründen eingespart. Mit dem bösen Gewürm hat Hildegard von Bingen übrigens wahrscheinlich nicht Schlangen, sondern Krankheitserreger gemeint und mit Räuchern die Luft desinfiziert.

Hier einige weitere Räucheranwendungen aus dem Erfahrungsschatz der heiligen Hildegard:

Gegen Schnupfen

Wenn man an starkem Schnupfen leidet, lege man Fenchel und viermal so viel Dill auf einen Dachziegel oder erwärmten Backstein und wende die Kräuter hin und her, dass sie dampfen und atme den Dampf durch Nase und Mund ein und esse dann die so auf dem Stein erwärmten Kräuter mit Brot. So verfahre man vier oder fünf Tage lang.

Gegen Zahnschmerzen

Wenn aber der Wurm die Zähne zerfrisst, nehme man Aloe und Myrrhe zu gleichen Teilen, erhitze sie in einem irdenen Gefäß mit enger Öffnung über glühenden Buchenholzkohlen und lasse den Dampf durch einen engen Strohhalm an den schmerzenden Zahn ziehen, indem man die Lippen öffnet, aber die Zähne zusammenpresst, damit nicht zu viel Dampf in die Kehle dringt, und tue das zwei- oder dreimal täglich fünf Tage lang; dann wird man geheilt.

»Beim Räuchern gilt:
Weniger ist oft mehr.«

> ### Gegen Gehörleiden
> *Wenn infolge des Schleimes oder irgendeiner Krankheit das Gehör des Menschen gestört wird, nehme er weißes Harz und lasse es auf glühender Kohle verdampfen und den Dampf in das verhärtete Ohr steigen, aber nicht zu häufig.*

Auch meine Großmutter wusste um die desinfizierende Wirkung des Räucherns, und so verabsäumte sie es nicht, den Stall im Herbst, wenn »zugestellt« war – das heißt, die Kühe kamen von der Herbstweide und wurden ab diesem Zeitpunkt wieder mit Heu gefüttert –, regelmäßig auszuräuchern. Zu diesem Zweck nahm sie Weihrauch und Wacholder (oder Kranawitt, wie er bei uns heißt). Bei einem Räuchervortrag, den wir vor einem Publikum hielten, bei dem die jüngste Teilnehmerin knapp 80 und die älteste weit über 100 Jahre alt war, wurde uns von einer Krankenschwester, die im Ersten Weltkrieg in einem Lazarett gearbeitet hatte, bestätigt, dass es damals üblich war, die Krankenzimmer mit Wacholder auszuräuchern. Warum also soll das heute nicht mehr funktionieren? Vielleicht könnte man dadurch auf so manchen Raum- oder Desinfektionsspray verzichten …

*Abb. Seite 20/21: Getrocknete
Ringelblumen, Beifuß und Wacholder
S. 23: Wacholder (Kranawitt)*

Räuchern mit Baumflechten
hilft bei Schnupfen.

In alten Kräuterbüchern, und auch in der Bibel (Buch Tobit), findet man einige Räucheranwendungen und Rezepte mit teils abenteuerlichen, oft auch giftigen Bestandteilen. So empfiehlt etwa Johannes Schöner (* 16. Jänner 1477 in Karlstadt am Main, Unterfranken; † 16. Jänner 1547 in Nürnberg, Mittelfranken), ein Herausgeber wissenschaftlicher Werke, »Zu Tödten den wurm am finger: Nym Schwefel in ein newen hafen un setz auff glüende kolen und hab den finger über den rauch das er wol daran gee. Oder prenn hirschhorn auff kolen un hab den darüber. Er stirbt on zweyfel.«

Und »Zu den Zenen« schreibt er: »Wer würm hat in Zenen der lege Pylsensamenn in ein glut thu ein triechter darüber unnd laß den rauch in mund geen. Darvon sterben die würm. Doch laß den athem herwyder das er nit in dich gee.« Hier ist jedoch Vorsicht angebracht, denn Bilsenkraut ist eine nicht ungefährliche Giftpflanze.

Ein weiteres Rezept von Johannes Schöner, diesmal gegen Kopfschmerzen, könnte man aber durchaus probieren: »Der Dampf deß angezündten Eniß [Anis] in die Nasen gefangen legt den Schmerzen deß haupts.«

Eine Anwendung des Räucherns, mit der wir gute Erfahrungen gemacht haben, ist übrigens, Baumflechten auf einem Sieb schonend zu verräuchern, das heißt, ohne die Flechten zu verbrennen. Das bringt bei hartnäckigem trockenen Husten sofort Erleichterung.

Sehr beliebt waren im Mittelalter Räucherungen in der Frauenheilkunde. Meistens kam hier Bilsenkraut, das nicht nur giftig, sondern auch eine starke Rauschdroge ist, zum Einsatz. Auch so manch anderes Nachtschattengewächs war ein beliebtes Räucherkraut. Nicht selten endeten solche Behandlungen vor dem Inquisitionsgericht.

Oft liest man in alten Büchern von verhexten oder vom Dämon besessenen Menschen, die man mit Räucherungen kurierte. Meist mit abenteuerlichen Mischungen – doch lesen Sie selbst. Andreas Glorez, ein Klostergeistlicher und Naturkundler aus dem 17. Jahrhundert, empfiehlt in seinem *Eröffnetes Wunderbuch* aus dem Jahr 1700:

Rauchpulver für die »Besessenen«

Man nehme St. Peters- oder Glaskrautwurz, vierthalb Quintl [Anm.: der fünfte Teil eins Loths], Angelikawurz, dritthalb Quintl, Pöonien- oder Gichtwurz, anderthalb Quintl, Beifuß, Stabwurz- oder Gartramkraut, Dorand oder fremdes rothes Baldriankraut, Goldenen Widertod, von jedem ein Quintl, grobgeraspeltes rauhes Hirschhorn, anderthalb Loth, Hechtenleber, Hechtenherz, Hechtengall, von jedem ein Stück, Weihrauch, Myrrhen, von jedem 4 Loth. Daraus mache ein gröbliches Pulver.

Von diesem Pulver werfe man immerzu etwas auf glühende Kohlen und beräuchere wohl damit die Kleider, Betten und Leintücher, die Zimmer, ja auch den Leib der verhexten und besessenen Kranken selbst so, daß sie den durch einen Trichter gehenden Rauch in den Mund lassen und ihn sich in den Leib ziehen mögen.

Aber auch von Johanniskraut und Eisenkraut ist die Rede. Das erscheint auch heute noch sinnvoll, um die Freude am Leben wiederzuerlangen. Denn die Räucherungen mit Johanniskraut und

Bilsenkraut

Johanniskraut

Eisenkraut helfen gegen die Dämonen von heute: Stress, Mobbing, Geiz, Burn-out und Depressionen.

»Ora et labora« – Bete und arbeite – war der Grundsatz der Benediktiner. Er wurde ersetzt durch Fitness (Bewegung) und Wellness (Ruhe). Das Bedürfnis nach Ruhe und Bewegung ist für die meisten Menschen heute das gleiche wie damals, und man ist bereit, einen erheblichen Teil seines Einkommens dafür auszugeben. Ein Wellnesstempel nach dem anderen entsteht, mit immer aufwendigeren Saunalandschaften und Ruhebereichen, Duft- und Aromatherapien – oft schon wieder verbunden mit Stress für die Besucher.

Dabei könnte es so einfach sein. Eine Räucherung mit Pfefferminze etwa bringt schnelle Erfrischung. Man kann aber auch zu frischem Ruchgras greifen, dessen Geruch nach frischem Heu (für den übrigens die durch den Trockenprozess frei werdenden Cumarine verantwortlich sind) Erinnerungen an lange Sommerferien und den Duft nach Lagerfeuer wachwerden lässt.

Valentin Pfeifenberger, der allseits bekannte Lungauer »Bischof«, hat ein kleines Büchlein verfasst, in dem es heißt: »Es muss nicht immer alles für etwas sein.« Darunter ist wohl zu verstehen, dass der Mensch nicht immer hinterfragen soll, wozu etwas gut ist oder was für einen Nutzen es ihm bringt. Zu dieser Einstellung passt auch das Räuchern. Denn was spricht dagegen, einfach wohlriechendes Räucherwerk zu entzünden und die Seele baumeln zu lassen?

Immer der Nase nach –
Räuchern heißt, sich erinnern

M an stelle sich einen kalten grauen Novembertag vor. Beim Suchen in der Kräuterschatzkiste stößt man auf das eine oder andere Kräutlein oder Harzstück, das man im Sommer bei einem Waldspaziergang gesammelt hat, legt etwas davon auf die Räucherkohle und lässt das eine oder andere schöne Erlebnis von diesen Spaziergängen noch einmal Revue passieren. Räuchern heißt nämlich sich erinnern. Schnell gerät man dabei ins Träumen, vielleicht kommt noch der Duft von Bratäpfeln dazu, und so wird aus dem anfangs trostlosen Tag ein gemütlicher mit hohem Erholungswert, den wir in unserer hektischen Zeit mehr als dringend nötig haben. Und jetzt stellen wir uns den soeben beschriebenen Tag noch einmal vor, allerdings mit ein paar kleinen Änderungen. Am Abend sitzt man mit einem lieben Menschen, den man gut riechen kann, vor dem prasselnden Kaminfeuer, der Duft nach Bratäpfeln wird noch unterstützt durch manch anderes Räucherwerk wie etwa Styrax, das Harz vom Amberbaum, und Rosenblätter. Den weiteren Verlauf des Abends überlassen wir Ihrer Fantasie. Denn tatsächlich können Liebesräucherungen mit Styrax und Rosenblättern durchaus hilfreich sein, hat die Wissenschaft doch herausgefunden, dass unser Sexualleben durch Pheromone, also Duftstoffe, gesteuert wird. Daher soll man den anderen auch gut riechen können. Aus diesem Grund sollte man in der Körperpflege mit synthetischen Duftstoffen sparsam umgehen oder ganz darauf verzichten, denn diese schaffen in unserem Riechhirn nur Verwirrung. Und worauf sollte man sich verlassen, wenn nicht auf seine Nase? So neu sind diese Erkenntnisse allerdings nicht, werden doch auch schon in der Bibel im Hohelied Salomos Liebesräucherungen beschrieben. »Wer ist sie, die da aus der Steppe heraufsteigt, in Säulen von Rauch, umwölkt von Myrrhe und Weihrauch.« (Hoheslied

Der Geruch nach frischem
Heu: Urlaubserinnerungen
werden wach.

»Räuchern heißt,
sich erinnern.«

3, 6) Ähnlich verhält es sich mit den neuesten Studien, denen zufolge ein erfülltes Liebesleben das Leben um sieben Jahre verlängern kann. Auch dies beschrieb bereits Christoph Wilhelm Hufeland in seinem Werk *Die Kunst das menschliche Leben zu verlängern*, das 1760 erschien, ausführlich.

Unserer Meinung nach ist es wichtig, darauf zu achten, dass das Feuer nie ganz erlischt, denn ohne Glut funktioniert auch die beste Räucherung nicht.

Der Hausputz – Räuchern für ein gutes Wohnklima

A ls wir im Jahr 2000 den Lutzhof, einen typischen Pinzgauer Bergbauernhof am Sonnberg über Unken, erstanden, mussten wir beim Einzug feststellen, dass das Wohnklima nicht besonders gut war. Unser Haus stammt teilweise aus dem 15. Jahrhundert und war jahrzehntelang unbewohnt gewesen. Heute würde man sagen, dass das Haus eine negative Energie hatte. Wir wollen diesen Begriff aber nicht verwenden. Eher trifft es zu, dass in diesem Haus »kein gutes Sein« war. In dieser Situation wurde uns von einer Bekannten geraten, das Haus auszuräuchern.

Trotz anfänglicher Skepsis, immerhin war es mitten im Sommer, haben wir diesen Rat befolgt und das Haus mit Salbei und Weihrauch ausgeräuchert. Tatsächlich war eine Veränderung zu spüren. Wir haben danach noch einige Male geräuchert, bis wir uns in un-

Räuchern für ein »gutes Sein«
in den eigenen vier Wänden

seren vier Wänden wohlgefühlt haben. Dieses Erlebnis war auch der Grund, sich mit dem Thema Räuchern intensiver zu beschäftigen und diese uralte Heilanwendung aus der esoterischen Ecke zu holen. Die genaue Funktion dieser Räucherungen wird immer ein Geheimnis bleiben, wozu uns ein Satz aus einer Predigt von Schützenkurat Richard Weyringer einfällt: »Der Mensch braucht ein Geheimnis, denn nur wer ein Geheimnis hat, entwickelt Fantasie, und Fantasie führt zum Glauben.«

Getrockneter Beifuß
für Reinigungsräucherungen

Wir sind der Überzeugung, dass es für Hausräucherungen kein bestimmtes Rezept gibt, auch wenn in der Literatur oft etwas anderes behauptet wird. Wichtig ist unserer Erfahrung nach das persönliche Ritual, und das kann uns niemand vorschreiben. Zu beachten ist lediglich, dass man dabei gute Gedanken hat, aber das sollte eigentlich selbstverständlich sein. Das Kraut für Reinigungsrituale, zu denen auch der Hausputz dazugehört, ist übrigens der Beifuß. Hinweise darauf gibt es in fast allen Kulturen, was vielleicht auch damit zusammenhängt, dass Beifuß auf der ganzen Welt vorkommt.

Räuchern bei »dicker Luft«

Jeder kennt den Ausdruck »dicke Luft«, und die meisten Menschen haben wohl schon ihre Erfahrung damit gemacht. Sei es durch einen Streit, einen unangenehmen Besuch oder einfach durch atmosphärische Spannungen aufgrund eines aufziehenden Gewitters. Speziell hier wussten sich in früheren Zeiten die Sennerinnen zu helfen. So wurden Palmzweige und Königskerze aus dem Kräuterbuschen im offenen Herdfeuer verbrannt, um die Spannung aus der blitzgeladenen Luft zu nehmen. Das Gleiche funktioniert auch bei der dicken Luft zwischen »Kuchikastl und Eckbank«.

Hans Sterneder schrieb dazu 1929: »Die Menschen würden viel besser und gütiger, uneigennütziger und friedfertiger, mit einem Wort: viel glücklicher werden, wenn sie mehrmals in der Woche in ihren Behausungen Weihrauch oder sonst ein Räucherpulver entzündeten, denn jeder Mensch zieht durch selbstsüchtige Gedanken Dämonen und niedere Wesen in sein Haus, die ihrerseits durch ihre Strahlung wieder den Geist der ganzen Familie nachteilig beeinflussen.«

Räuchern bei Schwellenübertritten

Jeder Mensch erlebt ohne jegliches Zutun mindestens zwei Schwellenübertritte in seinem Leben: die Geburt und den Tod. Bei diesen zwei Anlässen haben Kräuter und natürlich Räucherungen schon immer eine große Rolle gespielt. Bereits bei der Entstehung des Lebens spielen Gerüche eine entscheidende Rolle. Weiß man doch seit einiger Zeit, dass sich die Spermien am Geruch orientieren, um zum Ei zu gelangen. Das Gleiche gilt auch für Pflanzen, denn diese senden ebenfalls Duftstoffe aus, um Insekten anzulocken. Nach der Geburt erkennt das Neugeborene die Mutter sofort an ihrem Geruch, und auch für die Mutter wird nichts auf der Welt besser riechen als ihr Kind. Es scheint uns daher auch sinnvoll zu sein, dem Neugeborenen durch natürliche Wohlgerüche in der Wohnung ein Gefühl von Vertrautheit, Zuhause und Geborgenheit zu geben. Denn wie sagte schon Khalil Gibran: »Solange deine Kinder klein sind, gib ihnen Wurzeln, wenn sie größer werden, schenk ihnen Flügel.« Unausweichlich kommt auch der Tod und damit die Zeit des Abschiednehmens und des Loslassens. In dieser schweren Zeit der

Trauer können Räucherungen sehr hilfreich sein, um die Seele zu Gott zu führen. In alten Bauernstuben gibt es teilweise noch die Armenseelenfenster, die geöffnet wurden, damit die Seele die Heimstatt verlassen konnte. Bei diesem Schwellenübertritt bevorzugte man Räucherungen mit Wacholder, Holunderholz und Engelwurz.

Armenseelenfenster

Räuchern mit Kräutern, Hölzern und Harzen

Über das Sammeln und Trocknen von Kräutern

K räuter werden bei Blühbeginn und während der Blüte gesammelt. Und zwar nur bei trockenem Wetter, idealerweise kurz vor Mittag, wenn der Tau getrocknet ist. Die Mondphase spielt dabei eine untergeordnete Rolle, man sollte eher das schöne Wetter ausnutzen. Wacholder kann das ganze Jahr über gesammelt werden. Wurzeln werden im zeitigen Frühjahr oder im Spätherbst gegen Abend ausgegraben, weil um diese Zeit die gesamte Kraft der Pflanze in der Wurzel steckt.

Ein sorgsamer Umgang mit der Umwelt und das Respektieren von Grenzen sollten beim Kräutersammeln selbstverständlich sein. Die Natur ist kein Selbstbedienungsladen!

Nach dem Sammeln werden die Kräuter sofort getrocknet, allerdings nicht in der Sonne. Am besten werden sie am Dachboden luftig aufgelegt oder noch besser aufgehängt, damit sich kein Schimmel bildet. Wenn genug Platz vorhanden ist, kann man sie auf diese Weise lagern, bis man sie verwendet. Sollte dies nicht

möglich sein, kann man sie nach vollständiger Trocknung in Kartons, Papiersäcken oder Weißblechdosen aufbewahren.

Der Kräuterbuschen

Bei uns in Unken werden am Tag vor dem 15. August, dem sogenannten »Hohen Frauentag«, Kräuter gesammelt und zu einem stattlichen Buschen gebunden, der mit beiden Armen kaum zu umfassen ist. Je nach Hofgröße und Viehbestand kann so ein Kräuterbuschen schon beachtliche Dimensionen annehmen. Er wird von den Bauersleuten mit Liebe und Bedacht zur Kirche getragen und beim Hochamt zum Fest Maria Himmelfahrt geweiht. Zurück geht die Kräuterweihe auf eine biblische Legende, die besagt, dass die Apostel nur noch Blüten und Kräuter vorfanden, als sie am dritten Tage zum Grab Marias kamen. Zur Erinnerung daran wird an diesem Tag in der Kirche auch Rosenweihrauch verräuchert.

Am 15. August beginnt auch die Zeit des sogenannten »Frauendreißigers«, die bis zum »Kleinen Frauentag« am 8. September dauert. Dieser Zeitraum ist bestens zum Kräutersammeln geeignet.

Der Kräuterbuschen wird traditionell aus sieben verschiedenen

Kräuter
werden in Bündeln
getrocknet.

Kräutern gebunden, da die Sieben seit jeher als heilige Zahl gilt. Die sieben Sakramente oder die sieben Schöpfungstage kommen nicht von ungefähr. Auch unser Leben verläuft in Siebenjahresschritten, sagt man. Welche Kräuter verwendet werden, ist nicht genau festgelegt. Das unterscheidet sich je nach Familientradition und Gegend. Am Lutzgut verwenden wir Königskerze, Johanniskraut, Wacholder, Kunigundenkraut, Fuchskreuzkraut, Schafgarbe und Dost.

Nach der Weihe wird der Kräuterbuschen sorgfältig getrocknet, am Heiligen Abend fein zerhackt und in drei Teile geteilt. Ein Teil wird zum »Rachngeh« in den Rauchnächten verwendet, ein Teil am Heiligen Abend den Tieren mit Salz verfüttert und ein Teil als Notfallapotheke für das kommende Jahr aufgehoben.

Kräuterbuschen
mit sieben verschiedenen
Heilkräutern

Über das Sammeln
von Harzen und Hölzern

Die beste Sammelzeit für Harze ist während der sogenannten Hundstage, also im Hochsommer, weil um diese Zeit der Wassergehalt im Harz am niedrigsten ist. Am besten eignet sich zum Räuchern hartes, eingetrocknetes Harz, das schon einige Jahre alt ist. Man kann aber auch getrocknetes Holz, Zapfen, Nadeln oder Blätter verwenden.

Weniger ist oft mehr

Es ist schwierig, Kräuter, Hölzer und Harze rein auf ihre Wirkung beim Verräuchern hin zu beschreiben, da hier relativ wenig überliefert ist oder wissenschaftlich erforscht wurde. Dass Räuchern keimtötend oder desinfizierend wirkt, ist einigermaßen logisch. Wenn in alten Kräuterbüchern von Dämonen, Verhexungen und dergleichen die Rede ist, ist dies wohl am ehesten mit psychischen Störungen der Patientin oder des Patienten zu erklären. Es ist deshalb wenig sinnvoll, genaue Rezepte anzugeben. Vielmehr sind beim Räuchern Kreativität und Bauchgefühl gefragt, ganz nach dem Grundsatz: Weniger ist oft mehr.

Wie räuchert man?

Wer noch eine Feuerstelle besitzt und die Glut direkt aus dem Ofen nehmen kann, darf sich glücklich schätzen. Ersatzweise kann man auch Räucherkohle verwenden. In beiden Fällen empfiehlt es sich abzuwarten, bis sich über der Glut eine dünne Ascheschicht gebildet hat. Beim Räuchern muss man immer zuerst das Harz auf die Glut geben und erst dann die Kräuter darüberstreuen, da sie sonst unweigerlich sofort verbrennen. Will man nur Kräuter ohne Harz verräuchern, kann man sich mit dem sogenannten Räuchersieb helfen. In beiden Fällen gilt: Nur natürliche Substanzen verwenden, denn synthetisch hergestellte Duftstoffe schaffen nur Verwirrung in unserem Riechhirn. Das oberste Gebot ist beim Räuchern auf jeden Fall, keine giftigen Pflanzen zu verwenden!

Eine Pflanze ist mehr als ihre wissenschaftlich beschriebenen Bestandteile. Volkskundliche Mythen, Märchen sowie Geschichten der Kräuterweiblein und Bauerndoktoren aus längst vergangenen Tagen, die beim abendlichen »Rockngeh« erzählt wurden, gehören genauso dazu. Übrigens hat »rockn geh« nichts mit Rock 'n' Roll zu tun, sondern bezeichnet das abendliche gemeinsame Spinnen von Flachs in den Wintermonaten, zu dem man immer

Sammeln
von Harz

auf einem anderen Hof zusammenkam und wo in geselliger Runde manch lustige oder schaurige Geschichte erzählt wurde.

Räuchern mit Kräutern

Wacholder oder Kranawitt *(Juniperus communis)*
»Vor dem Holler zieh den Hut, und vorm Kranawitt knie dich nieder«, besagt ein alter Spruch. Das ist verständlich, war Wacholder doch das beliebteste Mittel zur Vorbeugung und zum Schutz, als die großen Pestepidemien das Salzburger Land heimsuchten. Und im Pongauerischen heißt es, dass der Legende nach ein Vogel den Menschen in dieser schweren Zeit zugerufen haben soll: »Esst Kranawitt und Bibernell, dann sterbt ihr nicht so schnell.« Allseits beliebt war der Wacholderrauch auch, um alles Böse zu vertreiben oder um einen verhexten oder vom Teufel besessenen Menschen zu heilen. »Eichenlaub und Kranawitt, dös mag da Teifi nit«, sagt man im Berchtesgadenerland. Kein Wunder also, dass eine Pflanze

Wacholder

Beifuß

Glut aus dem eigenen Ofen,
ideal zum Räuchern

mit solch vielfältigen Eigenschaften und Fähigkeiten im Kräuterbuschen nicht fehlen darf. Eines gilt es allerdings zu beachten:
Man sollte beim Räuchern keinen Zierwacholder verwenden,
denn die meisten dieser Arten sind giftig!

Beifuß *(Artemisia vulgaris)*
Beifuß ist eine seit Jahrtausenden bekannte Heilpflanze, die heute leider
fast vergessen ist oder sogar als Unkraut bezeichnet wird. Vielleicht
hängt das damit zusammen, dass von der Kommission E eine soge-

nannte negative Monografie erstellt wurde, die von einer therapeutischen Anwendung von Beifuß abrät. So ist er höchstens noch als Würzkraut für fette Speisen, besonders für Gänsebraten, bekannt. In der Antike wurde er in der Frauenheilkunde als »Mutter aller Heilkräuter« bezeichnet. Aber nicht nur in der Frauenheilkunde wurde er verwendet. So schreibt etwa Otto Brunfels: »Durch regelmäßiges Waschen mit Beifußtee wird der Bartwuchs beschleunigt.« Und bei Leonhart Fuchs ist in seinem *Kräuterbuch* aus dem Jahr 1543 zu lesen: »So einer der über Land reyst Beyfuss bey ihm tregt so vertreibt es die müde.«

Auch in der Mythologie und beim Sonnwendzauber spielte Beifuß eine große Rolle, und natürlich als Räucherung bei Reinigungsritualen – wie zum Beispiel die Schwitzhütte bei den Indianern Nordamerikas oder als Moxa in der chinesischen Medizin. Als Reinigungsrituale haben sich in unserer Zeit da und dort noch der traditionelle Oster- und Weihnachtsputz erhalten. Diese könnte man mit einer Räucherung mit Weihrauch, Wacholder und Beifuß abschließen.

Rose

Rose *(Rosa)*

Die Königin der Blumen wird sie genannt. Und tatsächlich gibt es kaum eine Blume, über die derart viel geschrieben oder gesungen wurde. Obwohl wissenschaftlich nicht belegt, gilt die Rose in allen Kulturen seit jeher als Zeichen der Liebe und sollte daher in keiner Liebesräuchermischung fehlen, denn der Duft nach Rosen erfreut Nase und Seele.

Die Rose gilt auch als Symbol der Verschwiegenheit. »Sub rosa« verpflichtet zu absoluter Geheimhaltung, daher wurden früher über Beichtstühlen oder über der Eingangstür zu Sitzungssälen öfters Rosen angebracht. Die Weiße Rose, eine Widerstandsgruppe während des NS-Regimes, oder die Rosenkreuzer weisen mit der Rose in ihrem Namen auf Geheimhaltung hin. Aber auch moderne Schriftsteller wie Umberto Eco mit seinem Roman *Der Name der Rose* spielen auf das Geheimnisvolle der Rose an. Sie verkörpert aber auch Luxus und Lebensfreude.

Wegen der großen Beliebtheit der Rose im Volksglauben wurde sie im 11. Jahrhundert zum Attribut der Gottesmutter, als Sinnbild für Vollkommenheit, Reinheit und göttliche Liebe. Maria wird oft auch als Rose ohne Dornen bezeichnet. Und der Rosenkranz heißt nicht umsonst so. Auch den Ärzten der Antike waren die vielfältigen heilenden Eigenschaften der Rose bekannt. Sie wird als entzündungshemmend, wundheilend, blutreinigend, Kreislauf stärkend und zusammenziehend beschrieben. Leider ist die Rose als Heilkraut – Namen wie Apothekerrose weisen noch darauf hin – in Vergessenheit geraten. Höchstens in der Kosmetikindustrie findet sie als Duftstoff noch Verwendung. Zum Verräuchern eignen sich aber auch die Hagebutten, die Scheinfrüchte der Rose, oder getrocknete Apfelschalen oder Quitten, die ebenfalls zu den Rosengewächsen gehören. Wer weiß, vielleicht erlebt die Rose als Heilkraut eine Wiedergeburt – immerhin wurde die Damaszenerrose vom Verein zur Förderung der naturgemäßen Heilweise nach Theophrastus Bombastus von Hohenheim, genannt Paracelsus e. V. zur Heilpflanze des Jahres 2013 gekürt.

Bewimperte Alpenrose *(Rhododendron hirsutum)*

Wegen ihrer berauschenden Wirkung wird die Bewimperte Alpenrose bei uns Almrausch genannt. Almrausch wird eher mit Liederlichkeit und Freizügigkeit in Verbindung gebracht, war er doch ein beliebtes Mitbringsel der Burschen, wenn sie zu ihrer Sennerin gingen. Auch auf den früher so beliebten Almhaferln – Kaffeetassen, die ebenfalls eine Liebesgabe für die Angebetete waren – war er meist abgebildet.

In längst vergangenen Tagen wurde die Alpenrose beim Wetterzauber verräuchert, um Blitze anzuziehen. Interessanter dürfte aber sein, dass bei ihr eine starke antivirale Wirkung nachgewiesen wurde, besonders auf den Typ, der Lippenherpes auslöst.

Kohlröslein *(Nigritella nigra)*

Wer einmal den Duft dieser Orchidee in der Nase hatte, wird dieses Blümlein nicht mehr vergessen. Kein Wunder, dass sich zahlreiche Liebesgeschichten um dieses Kraut mit den intensivsten Vanillearomen der Alpen ranken. So schreibt zum Beispiel Heinrich Marzell: »Gelingt es einem Burschen, drei blühende Kohlröslein unter das Kopfkissen seiner Angebeteten zu legen, so wird sie ihn sicher erhören.« Zum Verräuchern ist diese Orchidee viel zu schade, außerdem steht sie unter Naturschutz. Sieht man das Kohlröslein allerdings bei einer Bergwanderung, kommt man nicht daran vorbei, ohne zumindest einmal daran zu riechen. Wird das Kohlröslein von einer Kuh gefressen, überträgt sich das Vanillearoma auf die Milch, die sich allerdings blau verfärbt.

Johanniskraut *(Hypericum perforatum)*

Die Geschichte des Johanniskrauts als Heilkraut ist sicher schon älter als 2000 Jahre. Der Legende nach entstand diese Heilpflanze aus dem Blut des heiligen Johannes des Täufers. Johanniskrauträucherungen wirken gemütsaufhellend. Seit dieser positive Effekt auf unsere Psyche entdeckt wurde, hat es einen regelrechten Boom gegeben. Es braucht industriellen Anbau und industrielle Verarbeitung, um die benötigten Mengen zur Verfügung zu haben. Wir sind der Meinung, dass das nicht mehr das gleiche Johanniskraut ist wie jenes, das auf der Alm wächst und nach alten Sammelritualen zur Zeit des Geburtsfests des heiligen Johannes gesammelt wird.

Arnika *(Arnica montana)*

Vor der stark aphrodisierenden Wirkung von Arnika, auch Bergwohlverlei (vom althochdeutschen »wolvesgelegena«) oder Wolfsblume genannt, warnte bereits Hildegard von Bingen. Oft wird

Bewimperte Alpenrose   Kohlröslein   Johanniskraut

Arnika mit dem Wolf in Verbindung gebracht, sei es als Schutzpflanze vor dem Kornwolf, der die Ernte vernichtet, oder weil sie – wie von einigen Kräuterexperten behauptet – bei der Intertrigo (Wundsein), die landläufig auch als »Hautwolf« bezeichnet wird, wegen ihrer entzündungshemmenden Eigenschaften besonders gut wirkt. Früher wurde Arnika als Schutz vor Unwettern und Blitzschlag verräuchert. Auch als Tabakersatz zusammen mit Huflattichblättern wurde sie geraucht. Diese Mischung wurde empfohlen, um Asthma zu lindern.

Engelwurz *(Angelica archangelica)*

Bei einer Wanderung fällt uns diese stattliche Pflanze aus der Familie der Doldenblütler mit ihrer Größe von bis zu zwei Metern sofort auf. Den meisten ist Engelwurz als Magenbitterlikör bekannt. Früher war die Engelwurz eine Kulturpflanze des hohen Nordens und bei den Lappen oft die einzige pflanzliche Nahrung. Aber auch bei uns wur-

Arnika   Engelwurz   Dost

den junge Angelikastängel zu Naschwerk und Tortenverzierungen verarbeitet. Zu Pestzeiten wurde sie gepriesen, »wider der bösen Luft und Gestank« zu helfen. Sie wurde dem Kranken gegeben, aber auch der Arzt trug sie bei sich, um sich vor Ansteckung zu schützen. Doch auch vor allerlei Zauber soll sie schützen, besonders vor angehexter Impotenz. Beim Verräuchern ist die Engelwurz hilfreich bei Schwellenübertritten und beim Loslassen, besonders bei Trauerfällen.

Dost *(Origanum vulgare)*

Meine Großmutter hat von Dost bzw. Wohlgemut, wie sie das Kraut nannte, besonders geschwärmt. Vielleicht auch deshalb, weil er auf unserer Alm, der Alpmahder, massenhaft vorkommt. Bei sämtlichen Krankheiten wurde sofort der berühmte »Alpmahdertee« der Perchtmutter, als die sie in Unken allseits bekannt war, gekocht. Das Rezept verrate ich hier gleich:

> ### »Alpmahdertee«
> *Man nehme zu gleichen Teilen Kranawitt, Silbermantel und Wohlgemut, übergieße die Kräuter mit kochendem Wasser und lasse sie ziehen. Bei akuter Erkältungsgefahr ist es angebracht, ein Drittel des Wassers durch einen guten Obstbranntwein zu ersetzen.*

Ein Kraut, das so viel kann, muss unbedingt in jeden Kräuterbuschen. Außerdem soll es beim Verräuchern vor allerlei Verhexungen schützen.

Schafgarbe *(Achillea millefolium)*

Die Schafgarbe ist allseits als Bauchwehkraut für Kinder und groß-
artiges Frauenheilkraut bekannt. Daher darf sie im Kräuterbuschen natürlich nicht fehlen. Als Freund der Kinder sorgt sie bei
Räucherungen für angenehme Träume.

Eisenkraut *(Verbena officinales)*

Viele Sagen und Mythen ranken sich um das Eisenkraut, war es
doch eines der drei heiligen Kräuter der Druiden und der
12 Pflanzen der Rosenkreuzer. Andreas Glorez schreibt dazu:
»Eisenkrautwurzel an den Hals gehängt vertreibt die Kröpf.«
Früher war es üblich, Gerichts- oder Sitzungssäle vor heiklen
Verhandlungen mit Eisenkraut auszuräuchern, denn man sagte
dem Eisenkrautrauch nach, er schärfe den Verstand und erhöhe
das diplomatische Geschick.

Schafgarbe   *Eisenkraut*   *Muskatellersalbei*

Muskatellersalbei *(Salvia sclarea)*

Muskatellersalbei in Räucherungen macht unbesonnen und euphorisch. Er hat Tiefenwirkung, vertreibt Melancholie, Stress und Paranoia und wirkt aphrodisierend.

Baldrian *(Valeriana officinalis)*

Baldrian wird bei nervösen Leiden aller Art, bei Trübsinn und Angstgefühlen empfohlen. Verräuchert wurde er früher als Schutz vor dem Teufel, welcher Natur dieser auch immer sein mag.

Mädesüß *(Filipendula ulmaria)*

Mädesüß ist ebenfalls eines der drei heiligen Kräuter der Druiden und die Urpflanze des Aspirin. Bei Räucherungen kann es Mädchen beim Übergang zum Frausein helfen.

Baldrian   Mädesüß   Kunigundenkraut

Kunigundenkraut
(*Eupatorium cannabinum*)

Kunigundenkraut wurde früher für den Wetterzauber gebraucht, und zwar um Regen herbeizuführen.

Fuchskreuzkraut (*Senecio fuchsii*)

Fuchskreuzkraut ist schwach giftig und nur in der Tierheilkunde von Bedeutung, insbesondere bei schweren Geburten zur Blutstillung, und deshalb auch Bestandteil des Kräuterbuschens.

Fuchskreuzkraut

Räuchern mit Hölzern und Harzen

Fichte (*Picea abies*)

Die Fichte ist ein Symbol der Bescheidenheit und des Loslassens, leider ist sie heute durch jahrzehntelange falsche Waldwirtschaft vom Aussterben bedroht. Viele unserer Fichtenwälder sind durch Monokulturen krank. Zum Verräuchern wird hauptsächlich das Harz (Burgunderharz) verwendet.

Fichtenharz
und -rinde

Fritz, der Holzfäller

Ein Holzfäller namens Fritz hatte die Zeit übersehen, und es war schon fast dunkel, als er von der Arbeit aufsah. Ich muss mich beeilen, dachte er bei sich, wenn ich zu Hause sein möchte, bevor es dunkel ist. Meine Eltern werden sich schon sorgen.

Aber es war wie verhext, er fand den Ausgang aus dem Wald nicht mehr. So sehr er auch versuchte, einen Weg zu finden, er drehte sich doch immer im Kreis, dabei war es schon fast dunkel! Als er sich verzweifelt an einen Baum lehnte, blieb er am Harz des Baumes kleben. Plötzlich hörte er Musik, und der Baum öffnete sich. Ein bisschen mulmig war ihm schon zumute, als ihm auf einmal ein kleiner Wicht entgegenkam und ihn einlud mitzukommen.

Er konnte seinen Augen kaum trauen – da stand ein riesiger Tisch reich gedeckt mit den besten Speisen, Musik spielte, und lauter kleine Wichtel tanzten. Am Tisch saß ein alter Mann mit einem langen Bart: »Setz dich zu mir, wir wollen essen und trinken und es uns gut gehen lassen. Du bist hier im Zauberreich der Waldelfen und Wichtel, und ich werde dir zeigen, was für ein großes Reich ich zu verwalten habe.«

Er führte den Holzfäller in Räume, wo Kräuter getrocknet, Tropfen und Salben gebraut und Beeren zu Säften verarbeitet wurden. Alle liefen geschäftig hin und her. Da sah er unter all den Elfen und Wichteln ein Mädchen, das so schön war, dass er den Blick nicht mehr von ihr abwenden konnte. Auch das Mädchen wurde sehr verlegen.

»Lieber Fritz«, sagte der alte Mann zu ihm, »dass du hier bist, ist eine Fügung des Waldes und von dessen Bewohnern, die nur einmal in hundert Jahren zum Vorschein kommen. Sie nehmen einen Menschen auf und lehren ihn in dieser Zeit alle Geheimnisse der Kräuter und Bäume. Es muss drei Tage vor Vollmond sein, wenn das Harz zu fließen anfängt. Wenn zu dieser Zeit ein junger Bursch mit guten und reinen Gedanken im Wald arbeitet, kann er in das Reich der Wichtel gelangen und das Menschenkind erlösen. Das Baumharz war der Schlüssel in unser Reich. Frag nicht lange, nimm das Mädchen bei der Hand, aber dreht euch nicht um, sonst müsst ihr beide wieder 100 Jahre bei uns bleiben.«

Fritz und das Mädchen nahmen sich ganz fest bei der Hand und standen plötzlich wieder vor der Fichte. Beide hielten Fichtenharz in den Händen. Ganz stumm wanderten sie aus dem Wald zur Hütte des Holzfällers.

Fritz nahm das Mädchen, das Marie hieß, zur Frau, und sie machte aus dem Harz die besten Heilsalben für Wunden. Von weit her kamen die Leute, um sich Rat zu holen. Manchmal wurde das Harz auch auf glühende Kohlen gelegt. Ihren Kindern brachten sie bei, was man aus Kräutern und Beeren alles machen konnte, und so lebten sie glücklich und waren zufrieden, weil sie wussten, dass unsichtbare Helfer in ihrer Nähe waren. Und wer weiß, vielleicht steckt der Schlüssel vom Harz wieder einmal an einem Fichtenbaum, wenn der Vollmond über dem Dietrichshorn aufgeht. Und man kann hinabsteigen in das Reich der Elfen und Wichtel.

BARBARA HAIDER

Tanne *(Abies)*

Dazu Andreas Glorez: »Die Oesterreicher gebrauchen gar sehr in allen Zauberkrankheiten diejenigen harzigen Körner, welche in den Myrmeciis oder Ameisenhaufen gefunden werden und den Weihrauchkörnern ähnlich sehen, wie sie denn der wilde Weihrauch oder Waldrauch genannt werden.« Tannenharz (Straßburger oder Elsässer Terpentin) wurde schon immer für Räucherungen bei Katarrhen und Schnupfen verwendet. Geeignet zum Verräuchern sind natürlich auch die Nadeln.

Lärche *(Larix decidua)*

Lärchenharz oder Venezianisches Terpentin ist die ideale Räucherung für den Frühjahrsputz und schafft durch seinen frischen Duft eine Atmosphäre des Gelingens. Auch wurden früher Häuser, in denen vermehrt Unglücksfälle auftraten, mit Lärchenharz

Fichte *Tanne* *Fichtenharz sammeln*

ausgeräuchert. Wenn es verräuchert wird, wirkt es keimtötend und schleimlösend, ist also ein gutes Mittel bei Erkältungskrankheiten.

Kiefer *(Pinus sylvestris)*

Das sehr harzreiche und druckfeste Kiefernholz wurde früher für Kienspäne verwendet. Ein besonderer Überlebenskünstler unter den Kiefern sind die Legföhren, bei uns besser bekannt als Latschen, die bis weit über die Baumgrenze Wind und Wetter trotzen. Der Rauch des Kiefernharzes, das auch Kolophonium genannt wird, wurde verwendet, um die Lungen von Neugeborenen zu stärken. Aber auch Rinde und Nadeln wurden für Räucherungen verwendet. Ein nobler Verwandter ist die Zirbe, ein Baum zur Entschleunigung, der laut wissenschaftlichen Studien sogar die Herzfrequenz herabsetzen kann.

Lärche   Kiefer   Kiefernharz

Alraunen, Bilsenkraut & Co.:
Kräuter aus der Hexenmedizin

Zu den Kräutern der Hexenmedizin zählen vor allem psychoaktive Pflanzen. Von Selbstversuchen sei hier dringend abgeraten, da dies üble bis tödliche Folgen haben könnte. Es wäre schon schlimm genug, wenn es einem erginge wie Goethes Zauberlehrling und man die Geister, die man rief, nicht mehr unter Kontrolle hätte. Die Alraune ist wohl die Pflanze, um die sich die meisten Geheimnisse ranken, bis hin zu den Hexenlehrlingen in *Harry Potter*. Nach wie vor ist sie ein offizinales Heilkraut, das heißt, sie ist als Arzneimittel anerkannt. Nicht viel weniger teils schaurige Geschichten als um die Alraune ranken sich um das Bilsenkraut, das früher oft bei

Schmerzen oder auch bei der Geburtshilfe verräuchert wurde. Zu den berüchtigten Hexenkräutern zählen aber auch Tollkirsche, Stechapfel, Schierling, Fliegenpilz, Porst, Zaunrübe oder Bittersüß, die allesamt giftig sind.

Bei den Kräutern aus der Hexenmedizin raten wir von Verräucherungen ab.

Die Tollkirsche oder Belladonna,
eine düstere Schönheit

Bezugsquellen für Räucherwerk und Zubehör

TEH – Naturwerke, Niederland 112, A-5091 Unken,www.teh.at
Servus am Marktplatz, www.servusmarktplatz.at

Literaturverzeichnis

Böckeler, Gregor: Die Sakramentalien; in: *Die betende Kirche*. Hg. von der Abtei Maria Laach. Berlin 1924. • Fuchs, Leonhart: *New Kreutterbuch*. VMA Vertriebsgesellschaft, Wiesbaden 2002. • Glorez, Andreas: *Eröffnetes Wunderbuch*. Digitalisierte Ausgabe, Bayrische Staatsbibliothek, urn:nbn:bvb:12-bsb10289775-1. • Hufeland, Christoph Wilhelm: *Die Kunst das menschliche Leben zu verlängern*. Digitalisierte Ausgabe, Universitäts-bibliothek Dresden, http://digital.slub-dreden.de/ppn338877142/2. • Lechner, Odilo/ Kohl, Franz/Kaufmann, Hans-Günther: *Mit Leib und Seele leben. Die heilende Kraft von Riten und Gebräuchen*. Pattloch Verlag, München 2008. • Madejski, Margret: *Lexikon der Frauenkräuter. Inhaltsstoffe, Wirkungen, Signaturen und Anwendungen*. AT-Verlag, Aarau 2008. • Marzell, Heinrich: *Geschichte und Volkskunde der deutschen Heilpflanzen*. Otto Reichl Verlag Der Leuchter, Sankt Goar 1996. • Schöner, Johannes: *Ein nutzliches buchlein, viler bewerter Artzney*. Digitalisierte Ausgabe, Bayrische Staatsbibliothek, urn:nbn:bvb:12-bsb10207311-0. • Schrödter, Willy: *Pflanzengeheimnisse*. Otto Reichl Verlag Der Leuchter, Sankt Goar 1994. • Süßmuth, Astrid: *Lexikon der Alpenheilpflanzen. Heilkunde und überliefertes Wissen*. AT-Verlag, Aarau 2013. • Weidinger, Hermann-Josef: *Hollerbusch, Kranewitt und Haselnuß. Das Heckenbuch des Kräuterpfarrers*. Verein Freunde der Heilkräuter, Karlstein an der Thaya 1996. • Worwood, Valerie Ann: *Liebesdüfte. Die Sinnlichkeit ätherischer Öle*. Goldmann Verlag, München 1997.

Über die Autoren

Barbara und Hans Haider bewirtschaften und bewohnen mit ihren drei Kindern den Lutzbauernhof am Sonnberg in Unken. Seit 2005 beschäftigen sie sich mit dem Anbau und der Verarbeitung heimischer Kräuter und geben ihr Wissen bei Führungen und Seminaren weiter.

2. Auflage 2021 © 2019 Servus bei Benevento Publishing, eine Marke der Red Bull Media House GmbH, Wals bei Salzburg · Alle Rechte vorbehalten, insbesondere das des öffentlichen Vortrags, der Übertragung durch Rundfunk und Fernsehen sowie der Übersetzung, auch einzelner Teile. Kein Teil des Werkes darf in irgendeiner Form (durch Fotografie, Mikrofilm oder andere Verfahren) ohne schriftliche Genehmigung des Verlages reproduziert oder unter Verwendung elektronischer Systeme verarbeitet, vervielfältigt oder verbreitet werden. Satz aus der Minion Pro. · Medieninhaber, Verleger und Herausgeber: Red Bull Media House GmbH · Oberst-Lepperdinger-Straße 11–15 · 5071 Wals bei Salzburg, Österreich · Art Direction: Peter Feierabend. Gestaltung und Satz: Conny Laue. · Bilder: Cover und Innenteil: Dieter Brasch, außer S. 12: mauritius images/Karin Skogstad, S. 15: Magdalena Lepka, S. 16/38/42: Lutzbauer, S. 24: tinadefortunata/Fotolia.com, S. 27: Dmitry Bruskov/ 123RF.COM, S. 28/51/52: Markus Bassler, S. 31: Anita Buchart, S. 40: Aloyzas Balbierius/123RF.COM, S. 42: Christine Schweinöster, S. 46: blinztree/123RF.COM, LianeM/Fotolia.com, S. 48: Alexander Shadrin, S. 51/52: Zdenek Precechtel/123RF.COM, Marion Neuhauß/Fotolia.com, S. 54: Marina Kuchen-becker/123RF.COM, emer/Fotolia.com, Wikipedia/©Kurt Stüber/biolib.de, S. 55: Petra Barz/Marina Kuchenbecker/kostrez/ 123RF.COM, S. 56: mauritius images/Alamy, S. 60: wira91/Fotolia.com, Wikipedia/MPF, S. 61: Alessandro Termignone/taiftin/123RF.COM, Roxana/Fotolia.com, S. 62: Kanusommer/Fotolia.com.

Printed by Buch Theiss GmbH in Austria
ISBN 978-3-7104-0195-4